MW01175002

MES RECETTES

Mon cahier de recettes

ISBN-13: 978-1543067729
ISBN-10: 1543067727

RECETTE NOM.

	Entrée	Soupe	Plat principal	Dessert			
1	O	O	O	O	O	O	O
2	O	O	O	O	O	O	O
3	O	O	O	O	O	O	O
4	O	O	O	O	O	O	O
5	O	O	O	O	O	O	O
6	O	O	O	O	O	O	O
7	O	O	O	O	O	O	O
8	O	O	O	O	O	O	O
9	O	O	O	O	O	O	O
10	O	O	O	O	O	O	O
11	O	O	O	O	O	O	O
12	O	O	O	O	O	O	O
13	O	O	O	O	O	O	O
14	O	O	O	O	O	O	O
15	O	O	O	O	O	O	O
16	O	O	O	O	O	O	O
17	O	O	O	O	O	O	O
18	O	O	O	O	O	O	O
19	O	O	O	O	O	O	O
20	O	O	O	O	O	O	O
21	O	O	O	O	O	O	O
22	O	O	O	O	O	O	O
23	O	O	O	O	O	O	O
24	O	O	O	O	O	O	O
25	O	O	O	O	O	O	O

	Entrée	Soupe	Plat principal	Dessert			
26	○	○	○	○	○	○	○
27	○	○	○	○	○	○	○
28	○	○	○	○	○	○	○
29	○	○	○	○	○	○	○
30	○	○	○	○	○	○	○
31	○	○	○	○	○	○	○
32	○	○	○	○	○	○	○
33	○	○	○	○	○	○	○
34	○	○	○	○	○	○	○
35	○	○	○	○	○	○	○
36	○	○	○	○	○	○	○
37	○	○	○	○	○	○	○
38	○	○	○	○	○	○	○
39	○	○	○	○	○	○	○
40	○	○	○	○	○	○	○
41	○	○	○	○	○	○	○
42	○	○	○	○	○	○	○
43	○	○	○	○	○	○	○
44	○	○	○	○	○	○	○
45	○	○	○	○	○	○	○
46	○	○	○	○	○	○	○
47	○	○	○	○	○	○	○
48	○	○	○	○	○	○	○
49	○	○	○	○	○	○	○
50	○	○	○	○	○	○	○

RECETTE NOM.

	Entrée	Soupe	Plat principal	Dessert			
51	○	○	○	○	○	○	○
52	○	○	○	○	○	○	○
53	○	○	○	○	○	○	○
54	○	○	○	○	○	○	○
55	○	○	○	○	○	○	○
56	○	○	○	○	○	○	○
57	○	○	○	○	○	○	○
58	○	○	○	○	○	○	○
59	○	○	○	○	○	○	○
60	○	○	○	○	○	○	○
61	○	○	○	○	○	○	○
62	○	○	○	○	○	○	○
63	○	○	○	○	○	○	○
64	○	○	○	○	○	○	○
65	○	○	○	○	○	○	○
66	○	○	○	○	○	○	○
67	○	○	○	○	○	○	○
68	○	○	○	○	○	○	○
69	○	○	○	○	○	○	○
70	○	○	○	○	○	○	○
71	○	○	○	○	○	○	○
72	○	○	○	○	○	○	○
73	○	○	○	○	○	○	○
74	○	○	○	○	○	○	○
75	○	○	○	○	○	○	○

	Entrée	Soupe	Plat principal	Dessert			
76	○	○	○	○	○	○	○
77	○	○	○	○	○	○	○
78	○	○	○	○	○	○	○
79	○	○	○	○	○	○	○
80	○	○	○	○	○	○	○
81	○	○	○	○	○	○	○
82	○	○	○	○	○	○	○
83	○	○	○	○	○	○	○
84	○	○	○	○	○	○	○
85	○	○	○	○	○	○	○
86	○	○	○	○	○	○	○
87	○	○	○	○	○	○	○
88	○	○	○	○	○	○	○
89	○	○	○	○	○	○	○
90	○	○	○	○	○	○	○
91	○	○	○	○	○	○	○
92	○	○	○	○	○	○	○
93	○	○	○	○	○	○	○
94	○	○	○	○	○	○	○
95	○	○	○	○	○	○	○
96	○	○	○	○	○	○	○
97	○	○	○	○	○	○	○
98	○	○	○	○	○	○	○
99	○	○	○	○	○	○	○
100	○	○	○	○	○	○	○

....
Date

DATE

RECETTE 1

Parts   Temps de préparation   Temps de cuisson   Température du four

INGRÉDIENTS

PRÉPARATION

Évaluation

☆
☆
☆
☆
☆

NOTES

RECETTE 2

Parts

Temps
de préparation

Temps
de cuisson

Température
du four

INGRÉDIENTS

PRÉPARATION

Évaluation
☆
☆
☆
☆
☆

NOTES

RECETTE 3

Parts

Temps
de préparation

Temps
de cuisson

Température
du four

INGRÉDIENTS

PRÉPARATION

Évaluation

☆
☆
☆
☆
☆

NOTES

RECETTE 4

Parts

Temps
de préparation

Temps
de cuisson

Température
du four

INGRÉDIENTS

PRÉPARATION

Évaluation
☆
☆
☆
☆
☆

NOTES

DATE ....

RECETTE 5

🍽 .... Parts

👨‍🍳 .... Temps de préparation

🍲 .... Temps de cuisson

🧤 .... Température du four

INGRÉDIENTS

....
....
....
....
....
....
....
....
....
....
....
....

PRÉPARATION

....
....
....
....
....
....
....
....
....
....
....
....
....
....
....
....

Évaluation
☆
☆
☆
☆
☆

NOTES
....
....
....
....

RECETTE 6

Parts   Temps de préparation   Temps de cuisson   Température du four

INGRÉDIENTS

PRÉPARATION

Évaluation

☆
☆
☆
☆
☆

NOTES

DATE

Parts

Temps
de préparation

Temps
de cuisson

Température
du four

INGRÉDIENTS

PRÉPARATION

Évaluation

☆
☆
☆
☆
☆

NOTES

RECETTE 8

Parts

Temps
de préparation

Temps
de cuisson

Température
du four

INGRÉDIENTS

PRÉPARATION

Évaluation

☆
☆
☆
☆
☆

NOTES

....

DATE

....

RECETTE 9

Parts

Temps de préparation

Temps de cuisson

Température du four

INGRÉDIENTS

PRÉPARATION

....
....
....
....
....
....
....
....
....
....
....
....
....
....
....

Évaluation

☆
☆
☆
☆
☆

NOTES

....
....
....
....

RECETTE 10

Parts

Temps
de préparation

Temps
de cuisson

Température
du four

INGRÉDIENTS

PRÉPARATION

Évaluation

☆
☆
☆
☆
☆

NOTES

DATE

RECETTE 11

Parts

Temps
de préparation

Temps
de cuisson

Température
du four

INGRÉDIENTS

PRÉPARATION

Évaluation

☆
☆
☆
☆
☆

NOTES

RECETTE 12

Parts

Temps
de préparation

Temps
de cuisson

Température
du four

INGRÉDIENTS

PRÉPARATION

Évaluation

☆
☆
☆
☆
☆

NOTES

DATE

RECETTE 13

Parts

Temps
de préparation

Temps
de cuisson

Température
du four

INGRÉDIENTS

PRÉPARATION

Évaluation

☆
☆
☆
☆
☆

NOTES

RECETTE 14

Parts

Temps
de préparation

Temps
de cuisson

Température
du four

INGRÉDIENTS

PRÉPARATION

Évaluation
☆
☆
☆
☆
☆

NOTES

RECETTE 15

Parts

Temps
de préparation

Temps
de cuisson

Température
du four

INGRÉDIENTS

PRÉPARATION

Évaluation

☆
☆
☆
☆
☆

NOTES

RECETTE 16

Parts

Temps
de préparation

Temps
de cuisson

Température
du four

INGRÉDIENTS

PRÉPARATION

Évaluation

☆
☆
☆
☆
☆

NOTES

RECETTE 17

Parts

Temps
de préparation

Temps
de cuisson

Température
du four

INGRÉDIENTS

PRÉPARATION

Évaluation

☆
☆
☆
☆
☆

NOTES

RECETTE 18

Parts

Temps
de préparation

Temps
de cuisson

Température
du four

INGRÉDIENTS

PRÉPARATION

Évaluation
☆
☆
☆
☆
☆

NOTES

DATE

RECETTE 19

Parts

Temps
de préparation

Temps
de cuisson

Température
du four

INGRÉDIENTS

PRÉPARATION

Évaluation

☆
☆
☆
☆
☆

NOTES

RECETTE 20

Parts

Temps
de préparation

Temps
de cuisson

Température
du four

INGRÉDIENTS

PRÉPARATION

Évaluation
☆
☆
☆
☆
☆

NOTES

DATE

RECETTE 21

Parts

Temps
de préparation

Temps
de cuisson

Température
du four

INGRÉDIENTS

PRÉPARATION

Évaluation

☆
☆
☆
☆
☆

NOTES

RECETTE 22

Parts

Temps
de préparation

Temps
de cuisson

Température
du four

INGRÉDIENTS

PRÉPARATION

Évaluation
☆
☆
☆
☆
☆

NOTES

DATE

RECETTE 23

Parts

Temps
de préparation

Temps
de cuisson

Température
du four

INGRÉDIENTS

PRÉPARATION

Évaluation

☆
☆
☆
☆
☆

NOTES

RECETTE 24

Parts

Temps
de préparation

Temps
de cuisson

Température
du four

INGRÉDIENTS

PRÉPARATION

Évaluation
☆
☆
☆
☆
☆

NOTES

DATE

RECETTE 25

Parts

Temps
de préparation

Temps
de cuisson

Température
du four

INGRÉDIENTS

PRÉPARATION

Évaluation

☆
☆
☆
☆
☆

NOTES

RECETTE 26

Parts

Temps
de préparation

Temps
de cuisson

Température
du four

INGRÉDIENTS

PRÉPARATION

Évaluation

☆
☆
☆
☆
☆

NOTES

RECETTE 27

Parts

Temps
de préparation

Temps
de cuisson

Température
du four

INGRÉDIENTS

PRÉPARATION

Évaluation

☆
☆
☆
☆
☆

NOTES

RECETTE 28

Parts

Temps
de préparation

Temps
de cuisson

Température
du four

INGRÉDIENTS

PRÉPARATION

Évaluation

☆
☆
☆
☆
☆

NOTES

DATE ....

RECETTE 29

🍴 .... Parts

👨‍🍳 .... Temps de préparation

🍲 .... Temps de cuisson

🧤 .... Température du four

INGRÉDIENTS

....

....

....

....

....

....

....

....

....

....

....

....

....

....

PRÉPARATION

....

....

....

....

....

....

....

....

....

....

....

....

....

....

....

....

....

....

....

....

Évaluation
☆
☆
☆
☆
☆

NOTES

....

....

....

....

RECETTE 30

Parts

Temps
de préparation

Temps
de cuisson

Température
du four

INGRÉDIENTS

PRÉPARATION

Évaluation

☆
☆
☆
☆
☆

NOTES

DATE ....

RECETTE 31

Parts ....

Temps de préparation ....

Temps de cuisson ....

Température du four ....

INGRÉDIENTS

....
....
....
....
....
....
....
....
....
....
....
....

PRÉPARATION

....
....
....
....
....
....
....
....
....
....
....
....
....
....
....
....
....

Évaluation
☆
☆
☆
☆
☆

NOTES

....
....
....
....

RECETTE 32

Parts

Temps
de préparation

Temps
de cuisson

Température
du four

INGRÉDIENTS

PRÉPARATION

Évaluation

☆
☆
☆
☆
☆

NOTES

DATE

RECETTE 33

Parts

Temps
de préparation

Temps
de cuisson

Température
du four

INGRÉDIENTS

PRÉPARATION

NOTES

RECETTE 34

Parts

Temps
de préparation

Temps
de cuisson

Température
du four

INGRÉDIENTS

PRÉPARATION

Évaluation

☆
☆
☆
☆
☆

NOTES

Parts

Temps
de préparation

Temps
de cuisson

Température
du four

INGRÉDIENTS

PRÉPARATION

Évaluation

☆
☆
☆
☆
☆

NOTES

RECETTE 36

Parts

Temps
de préparation

Temps
de cuisson

Température
du four

INGRÉDIENTS

PRÉPARATION

Évaluation

☆
☆
☆
☆
☆

NOTES

RECETTE 37

Parts

Temps
de préparation

Temps
de cuisson

Température
du four

INGRÉDIENTS

PRÉPARATION

Évaluation

☆
☆
☆
☆
☆

NOTES

RECETTE 38

Parts

Temps
de préparation

Temps
de cuisson

Température
du four

INGRÉDIENTS

PRÉPARATION

Évaluation

☆
☆
☆
☆
☆

NOTES

Parts

Temps
de préparation

Temps
de cuisson

Température
du four

INGRÉDIENTS

PRÉPARATION

Évaluation

☆
☆
☆
☆
☆

NOTES

RECETTE 40

Parts

Temps
de préparation

Temps
de cuisson

Température
du four

INGRÉDIENTS

PRÉPARATION

Évaluation

☆
☆
☆
☆
☆

NOTES

DATE

RECETTE 41

Parts

Temps
de préparation

Temps
de cuisson

Température
du four

INGRÉDIENTS

PRÉPARATION

Évaluation

☆
☆
☆
☆
☆

NOTES

RECETTE 42

Parts

Temps
de préparation

Temps
de cuisson

Température
du four

INGRÉDIENTS

PRÉPARATION

Évaluation

☆
☆
☆
☆
☆

NOTES

....

DATE

RECETTE 43

Parts   Temps
de préparation   Temps
de cuisson   Température
du four

INGRÉDIENTS

PRÉPARATION

Évaluation

☆
☆
☆
☆
☆

NOTES

RECETTE 44

Parts

Temps
de préparation

Temps
de cuisson

Température
du four

INGRÉDIENTS

PRÉPARATION

Évaluation

☆
☆
☆
☆
☆

NOTES

DATE

RECETTE 45

Parts

Temps
de préparation

Temps
de cuisson

Température
du four

INGRÉDIENTS

PRÉPARATION

Évaluation

☆
☆
☆
☆
☆

NOTES

RECETTE 46

Parts

Temps
de préparation

Temps
de cuisson

Température
du four

INGRÉDIENTS

PRÉPARATION

Évaluation

☆
☆
☆
☆
☆

NOTES

DATE

Parts   Temps   Temps   Température
               de préparation de cuisson   du four

INGRÉDIENTS

PRÉPARATION

Évaluation NOTES

☆
☆
☆
☆
☆

RECETTE 48

Parts

Temps
de préparation

Temps
de cuisson

Température
du four

INGRÉDIENTS

PRÉPARATION

Évaluation
☆
☆
☆
☆
☆

NOTES

DATE

RECETTE 49

Parts

Temps
de préparation

Temps
de cuisson

Température
du four

INGRÉDIENTS

PRÉPARATION

Évaluation

☆
☆
☆
☆
☆

NOTES

RECETTE 50

Parts

Temps
de préparation

Temps
de cuisson

Température
du four

INGRÉDIENTS

PRÉPARATION

Évaluation
☆
☆
☆
☆
☆

NOTES

....

DATE

RECETTE 51

Parts .... Temps de préparation .... Temps de cuisson .... Température du four

INGRÉDIENTS

PRÉPARATION

Évaluation

☆
☆
☆
☆
☆

NOTES

RECETTE 52

Parts

Temps
de préparation

Temps
de cuisson

Température
du four

INGRÉDIENTS

PRÉPARATION

Évaluation

☆
☆
☆
☆
☆

NOTES

DATE

RECETTE 53

Parts

Temps
de préparation

Temps
de cuisson

Température
du four

INGRÉDIENTS

PRÉPARATION

Évaluation

☆
☆
☆
☆
☆

NOTES

RECETTE 54

Parts

Temps
de préparation

Temps
de cuisson

Température
du four

INGRÉDIENTS

PRÉPARATION

Évaluation

☆
☆
☆
☆
☆

NOTES

DATE

RECETTE 55

Parts

Temps
de préparation

Temps
de cuisson

Température
du four

INGRÉDIENTS

PRÉPARATION

Évaluation

☆
☆
☆
☆
☆

NOTES

RECETTE 56

Parts

Temps
de préparation

Temps
de cuisson

Température
du four

INGRÉDIENTS

PRÉPARATION

Évaluation

☆
☆
☆
☆
☆

NOTES

DATE

RECETTE 57

.... Parts .... Temps de préparation .... Temps de cuisson .... Température du four

INGRÉDIENTS

PRÉPARATION

Évaluation

☆
☆
☆
☆
☆

NOTES

RECETTE 58

Parts

Temps
de préparation

Temps
de cuisson

Température
du four

INGRÉDIENTS

PRÉPARATION

Évaluation

☆
☆
☆
☆
☆

NOTES

DATE

RECETTE 59

Parts   Temps de préparation   Temps de cuisson   Température du four

INGRÉDIENTS

PRÉPARATION

Évaluation
☆
☆
☆
☆
☆

NOTES

RECETTE 60

Parts

Temps
de préparation

Temps
de cuisson

Température
du four

INGRÉDIENTS

PRÉPARATION

Évaluation

☆
☆
☆
☆
☆

NOTES

DATE

RECETTE 61

Parts

Temps
de préparation

Temps
de cuisson

Température
du four

INGRÉDIENTS

PRÉPARATION

Évaluation

☆
☆
☆
☆
☆

NOTES

RECETTE 62

Parts   Temps de préparation   Temps de cuisson   Température du four

INGRÉDIENTS

PRÉPARATION

Évaluation
☆
☆
☆
☆
☆

NOTES

DATE

RECETTE 63

Parts   Temps
de préparation   Temps
de cuisson   Température
du four

INGRÉDIENTS

PRÉPARATION

Évaluation

NOTES

☆
☆
☆
☆
☆

RECETTE 64

Parts

Temps
de préparation

Temps
de cuisson

Température
du four

INGRÉDIENTS

PRÉPARATION

Évaluation

☆
☆
☆
☆
☆

NOTES

RECETTE 65

Parts

Temps
de préparation

Temps
de cuisson

Température
du four

INGRÉDIENTS

PRÉPARATION

Évaluation
☆
☆
☆
☆
☆

NOTES

RECETTE 66

Parts

Temps
de préparation

Temps
de cuisson

Température
du four

INGRÉDIENTS

PRÉPARATION

Évaluation
☆
☆
☆
☆
☆

NOTES

RECETTE 67

Parts

Temps
de préparation

Temps
de cuisson

Température
du four

INGRÉDIENTS

PRÉPARATION

Évaluation

☆
☆
☆
☆
☆

NOTES

RECETTE 68

Parts

Temps
de préparation

Temps
de cuisson

Température
du four

INGRÉDIENTS

PRÉPARATION

Évaluation
☆
☆
☆
☆
☆

NOTES

DATE ....

RECETTE 69

Parts ....

Temps
de préparation ....

Temps
de cuisson ....

Température
du four ....

INGRÉDIENTS

PRÉPARATION

Évaluation

☆
☆
☆
☆
☆

NOTES

RECETTE 70

Parts

Temps
de préparation

Temps
de cuisson

Température
du four

INGRÉDIENTS

PRÉPARATION

Évaluation

☆
☆
☆
☆
☆

NOTES

DATE

RECETTE 71

Parts

Temps
de préparation

Temps
de cuisson

Température
du four

INGRÉDIENTS

PRÉPARATION

Évaluation

☆
☆
☆
☆
☆

NOTES

RECETTE 72

Parts

Temps
de préparation

Temps
de cuisson

Température
du four

INGRÉDIENTS

PRÉPARATION

Évaluation

☆
☆
☆
☆
☆

NOTES

DATE

RECETTE 73

Parts · Temps de préparation · Temps de cuisson · Température du four

INGRÉDIENTS

PRÉPARATION

Évaluation

NOTES

☆
☆
☆
☆
☆

RECETTE 74

Parts

Temps
de préparation

Temps
de cuisson

Température
du four

INGRÉDIENTS

PRÉPARATION

Évaluation
☆
☆
☆
☆
☆

NOTES

DATE

RECETTE 75

Parts

Temps
de préparation

Temps
de cuisson

Température
du four

INGRÉDIENTS

PRÉPARATION

NOTES

RECETTE 76

Parts

Temps
de préparation

Temps
de cuisson

Température
du four

INGRÉDIENTS

PRÉPARATION

Évaluation
☆
☆
☆
☆
☆

NOTES

RECETTE 77

Parts

Temps
de préparation

Temps
de cuisson

Température
du four

INGRÉDIENTS

PRÉPARATION

Évaluation

☆
☆
☆
☆
☆

NOTES

RECETTE 78

DATE

Parts · Temps de préparation · Temps de cuisson · Température du four

INGRÉDIENTS

PRÉPARATION

Évaluation

☆
☆
☆
☆
☆

NOTES

RECETTE 79

Parts

Temps
de préparation

Temps
de cuisson

Température
du four

INGRÉDIENTS

PRÉPARATION

Évaluation

☆
☆
☆
☆
☆

NOTES

RECETTE 80

Parts

Temps
de préparation

Temps
de cuisson

Température
du four

INGRÉDIENTS

PRÉPARATION

Évaluation

☆
☆
☆
☆
☆

NOTES

DATE

RECETTE 81

Parts

Temps
de préparation

Temps
de cuisson

Température
du four

INGRÉDIENTS

PRÉPARATION

Évaluation
☆
☆
☆
☆
☆

NOTES

RECETTE 82

Parts — Temps de préparation — Temps de cuisson — Température du four

INGRÉDIENTS

PRÉPARATION

Évaluation

☆
☆
☆
☆
☆

NOTES

RECETTE 83

Parts

Temps
de préparation

Temps
de cuisson

Température
du four

INGRÉDIENTS

PRÉPARATION

Évaluation

☆
☆
☆
☆
☆

NOTES

RECETTE 84

Parts

Temps
de préparation

Temps
de cuisson

Température
du four

INGRÉDIENTS

PRÉPARATION

Évaluation

☆
☆
☆
☆
☆

NOTES

RECETTE 85

Parts

Temps
de préparation

Temps
de cuisson

Température
du four

INGRÉDIENTS

PRÉPARATION

Évaluation

☆
☆
☆
☆
☆

NOTES

RECETTE 86

Parts

Temps
de préparation

Temps
de cuisson

Température
du four

INGRÉDIENTS

PRÉPARATION

Évaluation

☆
☆
☆
☆
☆

NOTES

....

DATE

....

RECETTE **87**

Parts   Temps
de préparation   Temps
de cuisson   Température
du four

INGRÉDIENTS

PRÉPARATION

Évaluation

☆
☆
☆
☆
☆

NOTES

RECETTE 88

Parts

Temps
de préparation

Temps
de cuisson

Température
du four

INGRÉDIENTS

PRÉPARATION

Évaluation

☆
☆
☆
☆
☆

NOTES

DATE

RECETTE 89

Parts

Temps
de préparation

Temps
de cuisson

Température
du four

INGRÉDIENTS

PRÉPARATION

Évaluation

☆
☆
☆
☆
☆

NOTES

RECETTE 90

Parts

Temps
de préparation

Temps
de cuisson

Température
du four

INGRÉDIENTS

PRÉPARATION

Évaluation

☆
☆
☆
☆
☆

NOTES

DATE

RECETTE 91

Parts

Temps
de préparation

Temps
de cuisson

Température
du four

INGRÉDIENTS

PRÉPARATION

Évaluation

☆
☆
☆
☆
☆

NOTES

RECETTE 92

DATE

Parts

Temps
de préparation

Temps
de cuisson

Température
du four

INGRÉDIENTS

PRÉPARATION

Évaluation

☆
☆
☆
☆
☆

NOTES

DATE

RECETTE 93

Parts   Temps de préparation   Temps de cuisson   Température du four

INGRÉDIENTS

PRÉPARATION

Évaluation

☆
☆
☆
☆
☆

NOTES

RECETTE 94

Parts

Temps
de préparation

Temps
de cuisson

Température
du four

INGRÉDIENTS

PRÉPARATION

Évaluation

☆
☆
☆
☆
☆

NOTES

DATE

RECETTE 95

Parts   Temps de préparation   Temps de cuisson   Température du four

INGRÉDIENTS

PRÉPARATION

Évaluation

☆
☆
☆
☆
☆

NOTES

RECETTE 96

Parts

Temps
de préparation

Temps
de cuisson

Température
du four

INGRÉDIENTS

PRÉPARATION

Évaluation

☆
☆
☆
☆
☆

NOTES

DATE

RECETTE 97

Parts · Temps de préparation · Temps de cuisson · Température du four

INGRÉDIENTS

PRÉPARATION

Évaluation

☆
☆
☆
☆
☆

NOTES

RECETTE 98

Parts   Temps
               de préparation

Temps   Température
de cuisson   du four

INGRÉDIENTS

PRÉPARATION

Évaluation

☆
☆
☆
☆
☆

NOTES

DATE

RECETTE 99

Parts

Temps
de préparation

Temps
de cuisson

Température
du four

INGRÉDIENTS

PRÉPARATION

Évaluation

☆
☆
☆
☆
☆

NOTES

RECETTE 100

Parts

Temps
de préparation

Temps
de cuisson

Température
du four

INGRÉDIENTS

PRÉPARATION

Évaluation

☆
☆
☆
☆
☆

NOTES

Manufactured by Amazon.ca
Bolton, ON